教學指引

全新版

華語

第十一冊

流傳文化事業股份有限公司
http://www.chlearn.com

編輯要旨

一、本書十至十二冊以文化傳遞爲主，基本材料做爲課文，補充與參考資料編入教學指引。課文與指引中之資料共成教學之整體。

二、指引之內容分四部分：

1. 課文及出處。
2. 與課文內容相關之材料。
3. 與課文內容可相互引發或比較之參考資料。
4. 輔導學生做簡單問題之討論。

三、每課課文宜一次教完（二至三小時），以保持敘事之完整和學生之學習興趣。

四、課文的教學時間宜爲每課教學總時間的二分之一或三分之一，其餘時間由教師補充指引中之資料，並輔導學生做簡單之討論，增強學生之表達能力和師生間之互動。

五、指引中每三課後有一複習性之單元活動，供教師參酌使用。

全新版華語教學指引 第十一冊

第一課 杯弓蛇影

一、課文與出處

課文

從前，有一個人，請他的朋友到家裡喝酒。他的朋友拿起酒杯喝酒時，看見杯子裡好像有一條蛇，喝完這杯酒以後，回去就生病了。主人聽說那位朋友生病了，一再打聽，才知道他生病的原因。因此，主人在家裡仔細觀察。原來那天喝酒的地方，牆架上掛著一把弓，弓的影子恰好照在他朋友的酒杯裡。於是，他再在那裡請這位朋友喝酒。朋友坐下以後，他指著牆上的弓對他朋友說：「請你看一看，杯子裡有什麼東西？」他朋友看看杯子裡的影子，再看看牆上的弓，不覺笑了，病也就好了。

後來，「杯弓蛇影」便成了一句成語，意思是「為了不真實的事而驚疑不安」。

出處

晉書樂廣傳：嘗有親客（親密的友人）久闊不復來，廣問其故，答曰：「前在坐（座），蒙賜酒，方欲飲，見杯中有蛇，意甚惡之。既飲而疾。」於時（這時）河南聽事（辦公廳）壁上有角（角弓，用牛角裝飾的弓），漆畫作蛇。廣意杯中蛇即角影也。復置酒於前處，謂客曰：「酒中復有所見不？」答曰：「所見如初。」廣乃告其所以，客豁然意解，沉痾頓愈。

二、相關資料

中國的文字是以象形爲基礎，後來由於聲音上的轉注和假借，有許多字已不容易從原有的圖形上來解釋。這課課文裡的「弓」和「酒」，則是很容易讓學生了解和記憶的兩個字。

㈠ 弓

弓字就是象弓臂之形（），弓弦沒有畫出來，因爲弓在不使用時是不把弓弦繃緊在弓身上的。

㈡ 酒

酒字由「水」和「酉」兩部分組成，「酉」象瓶、罋之類的容器之形（）。酒在罋中釀成，旁加三點，表示出自罋中之液體。

三、補充材料

㈠ 疑心生暗鬼

「疑心生暗鬼」是一句俗語，意思是：如果一個人疑心某一個人或某一件事對他不利，便處處覺得有人在他背後說他壞話或做出對他不利的事（然而這種疑心是不準確的，是自己嚇自己），所以和「杯弓蛇影」是同樣的意思。

四、問題與討論

「杯弓蛇影」和「疑心生暗鬼」都是說「爲了不眞實的事而驚疑不安」，另一意義，則是說明調查研究、弄清眞相的重要。如果學生能說出他所知的「杯弓蛇影」事件，可討論要如何弄清眞相。

五、解答參考

㈠語文活動解答參考

1. 新詞和造句

⑴仔細：小明是個做事仔細的學生。

⑵觀察：觀察大自然是有益身心的休閒活動。

⑶恰好：牆架上掛著一把弓，弓的影子恰好照在酒杯裡。

⑷驚疑：「杯弓蛇影」的意思是「爲了不眞實的事而心中驚疑不安」。

2. 問題與討論

⑴請教師指導學生自由作答。

⑵請教師指導學生自由作答。

㈡A本習作解答參考

1. 選一選：把對的字圈出來

(1)喝　(2)恰　(3)再

2. 選一選：把對的號碼選出來

(1)③　(2)③

3. 想一想

(1)生病　(2)蛇

4. 填一填：把下面的詞填進句子裡

一個、一把、一條

㈢

B本習作解答參考

1. 選一選：把對的字圈出來

(1)觀　(2)疑

2. 選一選：把對的號碼選出來

(1)③　(2)①

3. 想一想

(1)影子　(2)杯弓蛇影

4. 填一填：把下面四個語詞填進空格中

仔細、喝酒、掛著、恰好

第二課 畫蛇添足

一、課文與出處

課文

有一次，許多人在一起比賽畫蛇，最先畫好的人，可以得到一壺酒。其中一個人，很快就把蛇畫好了，所以得到了那壺酒。過了一會兒，別人還沒有把蛇畫好。於是，這個人一邊慢慢地喝酒，一邊繼續畫，還自言自語地說：「我來替這條蛇畫上一些腳吧。」這時候，另外一個人也把蛇畫好了，就把那壺酒搶過去，說：「蛇沒有腳，添上腳就不是蛇了，所以我才是第一個把蛇畫好的人。」說完，就把酒喝了。「畫蛇添足」是一句成語，意思是：添加不必要的東西，反而有害。

出處

戰國策齊策二：楚有祠（春祭）者，賜其舍人卮（音支，盛酒之器）酒。舍人相謂曰：「數人飲之不足，一人飲之有餘。請畫地為蛇，先成者飲酒。」一人蛇先成，引酒且飲，乃左手持卮，右手畫蛇，曰：「吾能為之足！」未成，一人之蛇成，奪其卮，曰：「蛇固無足，子安能為之足？」遂飲其酒，為蛇足者，終亡（失去）其酒。

二、相關資料

(一) 壺

「壺」是個象形字，字體雖幾經演變，但現在的字形仍相當完整地保持了古時候壺的形象。

文字	圖

(二) 蛇

蛇也是一個象形字，最初畫的是兩條蛇（），一大一小。後來左邊的小蛇（）字體演變成虫（），右邊的大蛇演變成它（），成爲現在的「蛇」字。

三、補充材料

(一) 多此一舉

「舉」是舉動，也是「行為」的意思。全句的意思是「做沒有必要做的事」，和「畫蛇添足」的意義相似，是一句比較通俗的用語。「畫蛇添足」除了指「做沒有必要做的事」以外，還有「反而有害」的意思，但常常也只是「多此一舉」，「做沒有必要做的事」的意思，並不強調「反而有害」的含義。

四、問題與討論

問題

從前有一位將軍，他有一把強勁的好弓，射出去的箭既遠又有力。他很喜歡這把弓，後來請了一個有名的雕刻家在他的弓上雕刻了許多精細的花紋，使這把弓看起來十分華麗漂亮。將軍也常常得意地把它拿給朋友欣賞。但是，有一天，當他拿起弓來射箭時，一拉弓，弓就折斷了，因為在弓身上雕刻花紋會挖去一些材料，使弓身細弱了。將軍請人在他的弓上雕刻花紋這件事，是畫蛇添足呢？還是多此一舉？

討論

將軍請人在他的弓上雕花，可以說是畫蛇添足，也可以說是多此一舉，但先讓學生討論，怎樣說更好，或是他喜歡怎樣說，並且說明理由。

五、解答解答

㈠語文活動解答參考

1. 新詞和造句

⑴比賽：許多人在一起比賽畫蛇，最先畫好的人，可以得到一壺酒。
⑵添加：「畫蛇添足」的意思是：添加不必要的東西反而有害。
⑶繼續：他雖然扭傷了腿，但還是繼續完成這場馬拉松賽跑。
⑷自言自語：最先畫好蛇的人，一邊慢慢地喝酒，一邊自言自語地說：「我來加畫蛇的腳。」
⑸畫蛇添足：傾聽別人的心事是一種藝術，但有時加上自己的意見，反而會有畫蛇添足的效果。

2. 問題與討論

⑴什麼動物都不像。
⑵請老師指導學生自由作答。

(二) A本習作解答參考

1. 選一選：把對的字圈出來

(1)賽 (2)搶 (3)腳

2. 選一選：把對的號碼選出來

(1)③ (2)③

3. 改錯

(1)足 (2)壺

4. 造句

(1)一邊唱歌，一邊跳舞。

(2)慢慢地吃飯，慢慢地喝湯。

(三) B本習作解答參考

1. 選一選：把對的字圈出來

(1)壺 (2)喝 (3)另

2. 選一選：把對的號碼選出來

(1)③ (2)①

3. 改錯

(1)搶 (2)添

4. 造句

(1)他很快就把功課寫好，所以可以出去玩。

(2)想要貪快，反而容易造成很多錯誤。

第三課 望梅止渴

一、課文與出處

課文

從前，有一個很聰明的將軍。有一次，他帶領士兵去打仗。他們在山裡走了幾天，帶的水都喝完了，大家十分口渴，走路愈來愈沒有精神，愈來愈慢。這個將軍也十分口渴，看見士兵又渴又累的樣子，心裡很著急，該怎麼辦呢？忽然，他想到一個方法，於是大聲對士兵說：「我知道前面有一個地方種了許多梅子樹，現在正是結子的時候，梅子甜中帶酸，可以解渴！」士兵們聽了，嘴裡立刻生出口水，也有了精神，便快步向前走去。最後，他們雖然沒有看見梅子樹，但終於走到了有水的地方。後來「望梅止渴」成了一句成語，意思是「用空想安慰自己」。

出處

世說新語假譎：魏武（曹操）行役，失汲道，軍皆渴，乃令曰：「前有大梅林，饒子，甘酸可以解渴。」士卒聞之，口皆出水，乘此得及前源。

二、相關資料

㈠ 梅樹

梅樹是一種果樹，一般可以有二、三丈高，在早春時先開花，後長葉。

㈡ 梅花

梅樹開的花有白、紅、淡紅數種，是中華民國的國花，也是中國畫家很喜歡畫的題材，因爲他在冬天將盡、春天初到時最先開出，是堅貞堅定不怕環境惡劣的象徵。

㈢ 梅子

梅子是梅樹的果實，初夏時成熟。未成熟時色青，叫青梅，味酸澀。熟後色黃，叫黃梅，味酸而甜。

三、補充材料

㈠ 畫餅充飢

和「望梅止渴」相同，也是以「空想安慰自己」的意思，或是指空有虛名，無補實際。

(二) 畫餅的笑話

甲乙兩人都很有錢，但都很小氣。有一天，甲去看乙，拿了一條紙畫的魚當真魚送。乙不在家，由他的兒子接待。乙的兒子請甲坐下，收下了那條魚，接著在牆上畫了一個圓圈，算是燒餅，請甲食用。到了晚上，乙回到家中，他的兒子告訴他事情的經過，乙聽了以後，看看畫在牆上的餅，很生氣，責怪兒子把餅畫大了，應該畫個小一點的。

四、問題與討論

課文說有一位將軍帶兵出去打仗，但沒有說明是在什麼季節。但梅子成熟是在初夏（見補充材料），將軍能使士兵望梅止渴，則出兵打仗的時間就可以知道了。在說明之前，先讓學生討論並說明理由。

五、解答參考

(一) 語文活動解答參考

1. 新詞和造句

(1)將軍：小明立志長大要當飛將軍。

(2)士兵：士兵聽見有梅子樹，嘴裡立刻生出水來。

(3)打仗：將軍帶領士兵上戰場打仗。
(4)解渴：白開水是最解渴的飲料。
(5)立刻：小狗聽到開門聲，立刻跑到門邊，搖搖尾巴，迎接媽媽回來。
(6)安慰：「望梅止渴」的意思是「用空想安慰自己」。

2.問題與討論
(1)會。
(2)檸檬、葡萄柚等。

㈡

A本習作解答參考

1.選一選：把對的字圈出來
(1)領　(2)仗　(3)喝、渴
2.想一想
(1)梅子　(2)梅子
3.填一填：填入適當的字
(1)著　(2)酸
4.選一選：把對的號碼選出來
(1)③　(2)①
5.造句

(1)風景愈來愈美。妹妹愈來愈可愛。
(2)又香又甜。又酸又辣。

㈢ B本習作解答參考

1. 選一選：把對的字圈出來
(1)解 (2)立

2. 想一想
(1)有水 (2)望梅止渴

3. 塡一塡：塡入適當的字
(1)慰 (2)望 (3)領

4. 塡一塡：分辨字型
(1)渴、喝 (2)渴 (3)刻

5. 選一選：把對的號碼選出來
(1)① (2)① (3)③

單元活動一 成語

成語是每個民族語言的精華。日常生活中適當地運用成語，可以顯示一個人的文學素養和語文能力。這個單元教完後，可以給學生兩個相關的活動。

(一) 成語舉示比賽

把全班學生分成甲乙兩組。先由甲組的學生說出成語的意思，如「添加不必要的東西反而有害」，乙組的學生就必須在十秒或十五秒之內（時間由老師視學生程度而定）說出符合這意思的成語「畫蛇添足」；甲組的學生說：「用空想安慰自己」，乙組的學生就說出相應的成語「望梅止渴」或「畫餅充飢」。在規定時間內說對的得一分。然後兩組角色互易，改由乙組的學生說出成語的意思，甲組的學生說出符合的成語，也記分。最後比記分多少而判定輸贏。

(二) 賓果（Bingo）遊戲

本單元三課課文上列的補充材料，學生一共學習了六句成語或俗語，加上前一冊的成語單元，學生已學習了十二句成語或俗語。遊戲的方法如下：

1. 每個學生先準備一張賓果卡（見附圖，學生可用白紙自畫），和六個硬幣或釦子之類的東西。

2. 老師在黑板上寫出學生學習過的十二句成語，學生把這十二句成語分別寫在賓果卡上的十二格中，每格一句。哪一格寫哪一句，由學生自己決定，不必依照黑板上所寫的順序。

3. 然後老師任意念出黑板上的成語（也不按書寫的順序），學生每聽見老師念出一句，就趕快認出這句成語在他賓果卡上的哪個方格內，並在這個方格內放上一枚硬幣或釦子。誰的硬幣或釦子在賓果卡上先排成一直線、一橫線或對角線，他就可以喊Bingo，表示贏了這一局（老師可以給予加分或其他獎勵）。老師也可以要求學生把排成一線的成語朗誦並重述一次，以加強學生閱讀和說話的能力。

第四課　三國演義

一、課文

三國演義是一本十分有名的歷史小說，在公元十四世紀寫成。內容是中國在第三世紀的戰爭故事，那時候，中國分裂成三個國家，他們之間不斷發生戰爭。這三個國家的國王和大臣都很能幹，他們的將軍也都很會打仗，其中最受人喜愛的是一個宰相，他的名字叫諸葛亮。諸葛亮是歷史上的眞實人物，他在政治和軍事上的表現都非常特出。因此，他的故事在華人中流傳很廣，他的名字在華語裡幾乎就是「智慧」的代名詞。

二、相關資料

(一) 諸葛亮（一八一～二三四）

三國時期蜀漢的丞相，諸葛是姓（複姓），亮是名。孔明是他的字，所以有人稱他諸葛孔明，或稱他孔明。但有人誤會他姓孔明，那就錯了。

(二) 三國演義

又名三國志演義或三國志通俗演義是華人的第一部長篇歷史小說，全書根據史書和民間傳說寫成，敘

述了許多古代政治和戰爭的知識經驗，幾百年來，一直受到知識分子和一般民眾的歡迎。

㈢ 三國演義（Romance of the Three Kingdoms）的外文譯本

①英文　②法文　③德文　④義大利文
⑤拉丁文　⑥荷蘭文　⑦俄文　⑧波蘭文
⑨愛沙尼亞（Estonia）文　⑩日文　⑪韓文（朝鮮文）　⑫蒙古文
⑬越南文　⑭寮（Lao）文　⑮泰文　⑯馬來文

㈣ 羅貫中（約一三〇〇～約一四〇〇）

明初小說家，三國演義作者，除長篇歷史小說外，也編寫雜劇多種，生平事蹟不詳。

三、補充材料

事後諸葛亮

由於三國演義流傳得既久又廣，「諸葛亮」三個字幾乎就是「智慧」的代名詞。因此民間就有了「事後諸葛亮」的俗語，諷刺有的人在事情發生後高談闊論，做出早就知道的樣子。如：「這事你現在才說，不是事後諸葛亮嗎？」或「這事我早就說了，可不是事後諸葛亮吧！」

四、解答參考

(一) 語文活動解答參考

1. 新詞和造句

(1)戰爭：三國演義的內容是中國在第三世紀的戰爭故事。

(2)分裂：中國在第三世紀時，分裂成魏蜀吳三個國家。

(3)能幹：我的媽媽很能幹，是個理家高手。

(4)智慧：諸葛亮三個字幾乎是智慧的象徵。

(5)代名詞：「放羊的孩子」幾乎成爲說謊話的代名詞。

2. 問題與討論

(1)水滸傳、七俠五義等。

(2)「珍珠港」、「木馬屠城記」等，請老師指導學生作答。

(二) A本習作解答參考

1. 選一選：把對的字圈出來

(1)裂　(2)幹　(3)慧

2. 選一選：把對的號碼選出來

(1)②　(2)①

3. 改錯

(1)歷　(2)流　(3)徵

4. 想一想

(1)三國演義是一本十分有名的歷史小說，在公元十四世紀寫成。內容是中國在第三世紀的戰爭故事。

(2)政治。

(三)　B本習作解答參考

1. 選一選：把對的字圈出來

(1)傑　(2)智　(3)紀

2. 改錯

(1)仗　(2)相

3. 選一選：把對的號碼選出來

(1)②　(2)②

4. 想一想

(1)將軍　(2)智慧　(3)軍事、政治

第五課 草船借箭

一、課文與出處

課文

「草船借箭」是三國演義裡的一個故事，內容是這樣的：諸葛亮必須在十天之內造好十萬支箭。但是，十萬支箭不是在短短的十天裡能造好的。於是諸葛亮想了一個方法。他看看天空，知道將會起大霧，於是就準備二十隻大船，船上放滿了草人，當大霧起來的時候，就把船朝敵人的方向划去，並且還用力打鼓。敵人聽到了戰鼓的聲音，但是看不清楚，以爲船上都是眞人，便紛紛向船上射箭，箭都射在草人上。諸葛亮把船划回去，數一數草人上的箭，竟超過了十萬支。

出處

三國演義第四十六回：用奇謀孔明借箭，獻密計黃蓋受刑。

二、相關資料

(一) 鼓（𡔷）

這是一個比較容易向學生說明字體結構和字義的字。字體可以分成五部分，左邊的「壴」原始的字形是「」，中間的圓圈是一面豎立的圓鼓，上面的「」是放在鼓上的裝飾，下面是鼓架。右邊的原始字形是「」，「」是手的古字，「」是鼓槌。整個字的結構就是手拿鼓槌敲打放在鼓架上的一面鼓。所以這個字也可以作動詞用，是打鼓的意思。

(二) 鼓在戰場上的用途

古時候，軍隊在戰場上作戰，將軍以兩種聲音指揮軍隊的前進和後退。打鼓是命令軍隊前進，打鑼是命令軍隊退回防線。所以，諸葛亮命令二十隻大船朝敵人方向划去時，要士兵用力打鼓，也是讓敵人知道他是在下達攻擊命令了。

三、補充材料

(一) 張巡的草人借箭

張巡（七〇九～七五七）是唐朝的將軍，有一次，他防守的城被敵軍包圍，作戰時射掉了許多箭，工匠來不及製造，於是他命令士兵扎了一千多個草人，披上黑衣，在夜裡從城牆上用繩子慢慢向下吊，好像是要偷襲敵軍而又故意不小心讓敵人發現。敵人只知道張巡的士兵從城牆上一批一批地下來，但黑夜中看不清楚，爲了安全，就紛紛向城牆上射箭，結果大部分是射在草人身上。張巡把草人拉回城裡，輕易得了幾十萬枝箭。天亮後，敵人知道中計，後悔已來不及了。

過了幾天，張巡命令士兵在夜裡從城上往下吊草人。敵人見了，以為張巡又來騙箭，不再戒備。張巡見敵人沒有警戒，便立刻在草人之後吊下五百名士兵，這些士兵迅速地進入敵軍陣地，把敵人打亂。張巡自己則乘機率領大軍衝出城外，把敵人打得大敗而逃。（新唐書張巡傳）

四、解答參考

(一) 語文活動解答參考

1. 新詞和造句

(1)敵人：人類最大的敵人就是我們自己。

(2)划船：他划船過河。

(3)起霧：山上起霧了，四周景物朦朧，十分美麗。

(4)戰鼓：戰爭時，為鼓舞士氣戰鼓咚咚作響。

(5)紛紛：下課了，同學們紛紛跑到操場玩耍。

(6)數一數：數學課老師請小朋友數一數桌上有幾個蘋果。

2. 問題與討論

(1)虛張聲勢的作用，敵人聽到戰鼓聲，但看不清楚，會誤以為船上都是真人。

(二) A本習作解答參考

1. 選一選：把對的字圈出來

(1)划　(2)箭　(3)超　(4)須

2. 想一想

(1)十萬支箭　(2)霧很大

3. 選一選：把對的號碼選出來

(1)②　(2)③

4. 重組

C→A→B→D

(三) B本習作解答參考

1. 選一選：把對的字圈出來

(1)義　(2)造　(3)射　(4)準

2. 想一想

(1)濃霧　(2)草人　(3)戰鼓

3. 選一選：把對的號碼選出來

(1)③　(2)③

4. 重組

B→D→C→A→E

5. 造句

(1) 車朝東北的方向行駛過去。

妹妹朝媽媽的方向跑去。

(2) 豬八戒在華語裡幾乎就是好吃懶做的代名詞。

「狼來了」這句話幾乎就是說謊的代名詞。

第八課 空城計

一、課文與出處

課文

「空城計」也是三國演義裡的一個故事，故事是這樣的：有一次，敵軍來攻，諸葛亮派軍隊到邊境去迎戰。不料敵人還有一支軍隊，從旁邊偷偷進入，很快到達了諸葛亮留守的那個城。城裡的人都很驚慌，軍隊都向邊境出發了，怎麼辦呢？諸葛亮想了一下，立刻命令全城的百姓留在家中，把門窗都關上，不能有一點聲音，好像是一座空城。又命令兩個士兵把城門打開，在城門口清掃街道，自己則坐在城門上彈琴。過了不久，敵人的軍隊到了。領兵的將軍看見這種情形，十分疑惑，心想，諸葛亮是一個很會用兵的人，做事又非常小心，怎麼會這樣一點防衛都沒有呢？恐怕城裡有伏兵吧，我不要中了他的計。於是下令退兵。這時候諸葛亮派出去的軍隊已聽到消息，急忙回來，守住了那座城。

出處

三國演義第九十五回：馬謖拒諫失街亭，武侯彈琴退仲達。

二、相關資料

(一) 琴

古時候的琴，基本上是一塊橫的長木製成，表面呈弧形，內部挖空，四角有四個短腳，琴面上安置七根絃，後來也有增爲九絃的。所謂彈琴，即是撥動琴絃，使之發聲。

古人彈琴	古琴
	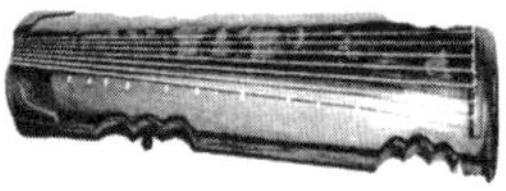

三、補充材料

(一) 唱空城計

三國演義中「空城計」的故事非常受人歡迎，也成爲各種傳統戲劇的題材。中國的傳統戲劇像是西方的歌劇（Opera），人物的對話是唱的而不是說的，所以演空城計不叫演空城計，而是「唱空城計」。後來「唱空城計」也成爲一句俗語，有兩種意義，一是指「爲掩飾自己力量空虛而使用的一種計策」，例如：「他在唱空城計，沒有實力的」。另一種情形是指肚子餓了，「我的肚子在唱空城計了」。

四、問題與討論

「空城計」是一種心理戰，人們常會有說實話反而不被相信的經驗，問問學生有沒有實例。最好就學生的實例，討論眞話不被相信的原因以及如何處理較好。

五、解答參考

㈠ 語文活動解答參考

1. 新詞和造句

⑴掃地：小明每天都會幫忙媽媽掃地。

⑵彈琴：彈琴可以陶冶身心。

⑶疑惑：領兵的將軍看見諸葛亮駐守的城好像是一座空城，心中十分疑惑。

⑷防衛：將軍看到一座空城，心想，諸葛亮是個做事小心的人，怎麼會一點防衛都沒有？

⑸伏兵：城裡恐怕有伏兵，我們要小心，不要中計了。

⑹退兵：因糧草及水源不足，將軍下令退兵。

2. 問題與討論

⑴請老師指導學生自由作答。

㈡ A本習作解答參考

1. 選一選：把對的字圈出來

⑴彈　⑵衛　⑶迎

2. 想一想

⑴三國演義　⑵清掃街道

3. 改錯

(1)驚　(2)將　(3)伏

4. 選一選：把對的號碼選出來

(1)①　(2)①

(三)

B本習作解答參考

1. 選一選：把對的字圈出來

(1)伏　(2)惑

2. 改錯

(1)境　(2)彈　(3)退

3. 想一想

(1)關上、打開、彈琴。

(2)諸葛亮。

4. 選一選：把對的號碼選出來

(1)①　(2)②

單元活動二 小說

三國演義是中國最有名的一部長篇歷史小說，也是中國四大古典小說之一（另外三部是西遊記、水滸傳和紅樓夢）。全書雖然是一連串眞眞假假的歷史事件，但也是一個一個充滿趣味的獨立故事。

附表「寫一個故事綱要」是讓學生回顧這個單元所教的兩則故事（也可以包括已知的成語故事），透視它們的結構，分析它們情節，藉以了解角色和情節的互動。故事可由學生自選，表格每個學生一張，也可以兩個學生一組，兩人共一張。

寫一個故事綱要

姓名：________________

日期：________________

故事背景：________________

人　　物：________________

故事如何開始？________________

故事中主角的主要目標是什麼？________________

故事中主角是如何達成他（她）的目標？________________

結　　局：________________

第七課　太平洋鐵路

一、課文

美國是一個由移民組成的國家，各國來的移民對建設美國都出了力。例如：美國太平洋鐵路的西段，從加州到猶他州（Utah）之間，是華工所建造的。這條鐵路在公元一八六三年開始建造，起初只有兩千名華工人，後來增加到六千人。最後，在一八六九年完工時，華工人有一萬四千多名。這段鐵路共長六百九十英里，一路上都是高山，炸山造路時常常發生意外。冬天，山上的雪很厚，有時候發生雪崩，也常常把工人衝落山谷。華工前後一共死了五百多人，但是終於把這段鐵路造成了。

二、相關資料

㈠ 美國太平洋鐵路

1. 背景

在十九世紀四十年代，美國先後取得了德州（Texas）、加州（California）和猶他州（Utah），於是計畫把鐵路向西延伸至加州。

2. 名稱

一八六二年，計畫中的這條鐵路，分別由兩家公司承包建造，一家是聯合太平洋鐵路公司（Union

Pacific），另一家是中央太平洋鐵路公司（Central Pacific），所以這條鐵路就叫做太平洋鐵路。

3. 分段

聯合太平洋鐵路公司負責從內布拉斯加州（Nebraska）的奧馬哈（Omaha）向西築路。中央太平洋鐵路公司負責從加州的沙加緬度（Sacramento）向東築路，預定在猶他州境內會合銜接。聯合太平洋鐵路公司所建造的稱之爲東段，中央太平洋鐵路公司所建造的稱爲西段。工程在一八六三年一月開始。

4. 西方勞工

聯合太平洋鐵路公司招募的是愛爾蘭（Irland）勞工，中央太平洋鐵路公司起初兩年僱用的是西方勞工，但兩年中中央太平洋鐵路公司所築鐵路不到五十英里，遂試用華工。

5. 華工

中央太平洋鐵路公司起初試用華工五十名，因爲華工的吃苦耐勞、肯學肯做，工程進度快速進展。公司立即大量僱用華工，甚至派專人前往廣東招募。到完工時，華工人數有一萬四千多名。

6. 華工的貢獻與犧牲

美國太平洋鐵路西段的完成，華工占築路力量的百分之九十。此外，太平洋鐵路東段，從奧馬哈西向進入猶他州，地勢平坦。從加州東向，經內華達州進入猶他州的西段，則重山峻嶺，沙漠鹽湖，冬天嚴寒，夏天酷熱，華工在炸山開路和冰天雪地中喪生的人很多。但他們仍在一八六九年四月二十八日創下了十小時鋪路十英里（約十六公里）的紀錄，和最初兩年才鋪五十英里的情形，有天壤之別。爲此，內華達州在一九六四年建州百年時，把每年的十月二十四日訂爲「向華人先驅致敬

日」，它的第二十九號紀念碑（中國人在內華達）上，也用中文寫道：「華人先驅，功彰偉績。開礦築路，青史名著。」

美國太平洋鐵路路線圖

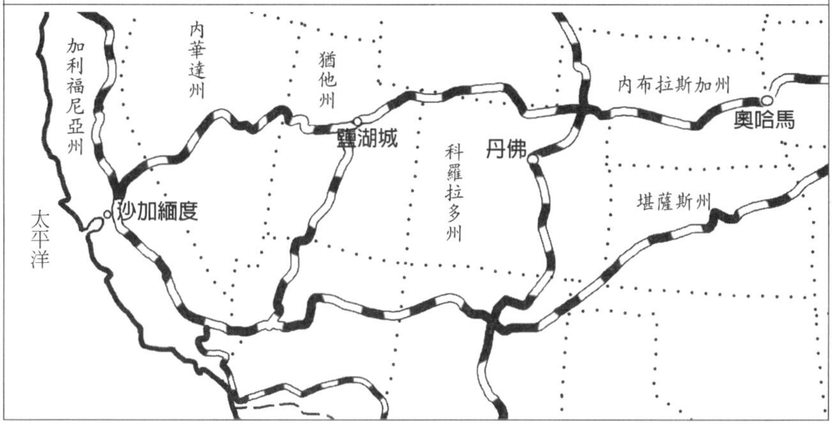

三、補充材料

(一) 南太洋鐵路華工紀功碑

加州政府在東西走向的太平洋鐵路完成後，就鋪設貫通南北的南太平洋鐵路，築路的主力也是華工。加州政府在建州百年紀念時，特地為築路的華工立了一塊紀功碑，碑上中英文並列。中文的銘辭如下：

加州鐵路　南北貫通　華裔精神　血肉獻功

四、問題與討論

十九世紀後半和二十世紀初期，移民美國的華人，經濟情況大多很差，知識程度也較低，主要從事勞力工作。又因語言不便，飲食習慣不同，自然就聚居一區，便於互相照應。經過不斷的發展，逐漸形成了現在文化和商業並具特色的中國城（China Town）。二十世紀後期移民美國的華人，有的經濟情況良好，有的則具有專業知識和技術，他們紛紛開店創業，在有些大都市裡形成了新的「中國城」。學生的居住地區若有傳統和新形成的兩個中國城，試讓學生就其自己的觀察，述說其不同。如果沒有兩個中國城可以比較，但自己就居住在中國城，或到過中國城的，則輔導他們說出中國城在當地所顯示的文化特色或他們對中國城的看法。

五、解答參考

㈠ 語文活動解答參考

1. 新詞和造句

⑴建設：美國是一個由移民組成的國家，各國來的移民對建設美國都出了力。

⑵起初：太平洋鐵路在公元一八六三年開始建造，起初只有兩千名華工，後來增加到六千人。

⑶增加：地球上的人口，不斷地以倍數增加。

⑷雪崩：冬天，山上的雪很厚，有時會發生雪崩。

⑸意外：酒後開車，容易發生意外。

2. 問題與討論

⑴請老師指導學生自由作答。

⑵請老師指導學生自由作答。

㈡ A本習作解答參考

1. 填一填：填入適當的字

⑴移 ⑵段 ⑶崩、衝

2. 重組句子

B→D→A→C

3. 選一選：把對的字圈出來

(1)設　(2)炸　(3)崩　(4)猶　(5)組

(三)

B本習作解答參考

1. 選一選：把對的字圈出來

(1)由　(2)起　(3)落

2. 選一選：把對的號碼選出來

(1)①　(2)③

3. 填一填：填入適當的字

(1)猶　(2)炸　(3)造　(4)厚、谷

第八課 華僑航空救國會

一、課文

在二十世紀的三〇年代，日本發動侵略戰爭，我國軍隊奮起抵抗。但是軍隊的武器不夠，空軍的戰機也不夠。

因此，在美國的華僑紛紛捐錢，成立「華僑航空救國會」，買飛機送給祖國。還有一些年輕的華僑到祖國參加空軍。

陳瑞鈿是一個例子：他的爸爸是從廣東來的移民，他出生在美國。一九三二年，他十九歲，到祖國參加空軍，先後打下六架日本戰機，成爲空戰英雄。後來他回到美國，美國的報紙稱他爲「中國戰鷹」（Chinese Warhawk）。他的戰績，現在保留在美國的空軍歷史博物館裡。

二、相關資料

1. 鈿音田（ㄊㄧㄢˊ），本意是一種婦女用作頭飾的金花。
2. 陳瑞鈿（Arthur Chan, 1913~1997）的父親是廣東人，母親是祕魯（Peru）人，出生於美國俄勒岡（Oregon）州的波特蘭市（Portland），高中畢業後，進入當地華人創辦的美洲航空學校。一九三二

年九月，日本侵入中國東北地區，波特蘭市華人決定派志願軍回國參戰。那年陳瑞鈿十九歲，剛從航空學校畢業，於是志願回國參加空軍。一九三五年（二十二歲）他被中國政府派往德國學習戰鬥機的駕駛和戰術。回國後，在一九三七至一九三九兩年之間擊落了六架日機。後來在擊落敵機時自己的飛機也中彈起火，他跳傘獲救，但受到燒傷。一九四〇年回美國就醫，受到盛大歡迎，被譽爲「中國戰鷹」，還把他的事蹟寫成中國戰鷹一書出版。後來，因爲陳瑞鈿也是美國公民，在一九九七年正式被評選爲第二次世界大戰的美國第一位空戰英雄，他的名字也被刻在美國空軍戰鬥英雄館的英雄榜上。美國空軍戰鬥英雄館是美國空軍歷史博物館的第一個附屬單位，美國空軍歷史博物館在美國德州（Texas）的米德蘭（Midland）市。陳瑞鈿在美國醫療傷勢後，又回祖國執行空運任務。戰爭結束後回波特蘭市，在當地的一個郵局工作，直到一九八三年退休。

三、補充材料

(一) 陳納德和飛虎隊

陳納德是美國德州人，英文名字是Chaire Lee Chennault（1893~1958）。他是美國空軍的戰鬥機教官，四十四歲退役後，應聘到我國的空軍軍官學校擔任飛行教官。不久抗日戰爭爆發，陳納德組織國際志願軍參戰，後來獲得美國的支持，獲得大量資源，正式成立中國空軍美國志願軍大隊，並擔任大隊長。一九四一年底，志願軍大隊和日機在雲南昆明的上空交戰，將來犯的十架敵機擊落六架，擊傷三架，自己則一架也未損失，被人民譽爲「飛虎」，於是美國志願軍大隊從此改稱爲飛虎隊，並用飛虎

做爲隊徽。飛虎隊的戰績優良，不僅摧毀了大量的日機，也擊沉不少日本的軍艦。戰爭結束後，我國政府授予陳納德一枚最高榮譽的勳章，美國政府則把他晉升爲中將。

㈡飛虎隊員的飛行衣

飛虎隊員的飛行衣背面都縫上一面中華民國的國旗，還寫上中文「來華助戰洋人，軍民一體救護」幾個字。因爲這些飛虎隊員的飛行員不會說中國話，如果在空戰時跳傘逃生，到達地面後，背上的國旗和中文可以讓當地的民眾知道他的身分，並且給予救護。事實上，它也的確發揮了作用，有幾位跳傘逃生的隊員，中國農村的民眾就是因爲有這樣的說明，幫助他們逃脫日軍的搜捕，把他們安全送回我國軍隊的陣地。

四、問題與討論

美國華人在二十世紀三十年代成立「華僑航空救國會」，是關心當時祖國安危的具體行爲。現在情形不同了，關懷的重點轉爲文化和經濟。當地若有和中華文化經濟有關的機構或社會團體（或就以任教的華文學校爲例），請向學生說明其宗旨和活動，並輔導學生討論其意義。

五、解答參考

㈠ 語文活動解答參考

1. 新詞和造句

⑴參加：表妹邀我參加她的生日宴會。
⑵空軍：每年國慶時空軍的表演都很精彩。
⑶武器：近代發展的核子武器，會造成人類大量死亡。
⑷抵抗：日本發動侵略戰爭時，我國軍人奮起抵抗。
⑸侵略：二十世紀時日本發動侵略戰爭。
⑹救國：花木蘭代父從軍，是孝順及救國的表現。

2. 問題與討論

⑴請教師指導學生自由作答。
⑵如直升機、噴射機、客機等。

㈡ A本習作解答參考

1. 改錯

⑴侵　⑵抵　⑶救　⑷瑞

2. 連連看

中國戰鷹	陳瑞鈿
三〇年代	日本發動侵略戰爭
華僑航空救國會	買飛機送給祖國

3. 選一選：把對的號碼選出來

(1)①　(2)③　(3)②　(4)②

(三)

B本習作解答參考

1. 選一選：把對的字圈出來

(1)奮　(2)航　(3)績

2. 改錯

(1)捐　(2)參　(3)鷹　(4)留

3. 選一選：把對的號碼選出來

(1)②　(2)③　(3)②　(4)②

第九課　華僑紀功碑

一、課文

西班牙在十六世紀開始統治中美洲和南美洲。到了十九世紀，中南美洲各國反對西班牙的統治，紛紛發動戰爭，要求獨立。當時，在中南美洲的華僑，有些在戰亂中喪失了生命，有些損失了財產，但是他們互相幫助，同時也幫助當地的人民。在古巴有一座華僑紀功碑，就是為了紀念華僑幫助古巴人民反抗西班牙統治而建造的。

二、相關資料

(一) 古巴的獨立戰爭

古巴在一八六八年爆發獨立戰爭，作戰三十年後，至一八九八年美國出兵干預，始告成功。

(二) 古巴華人移民簡史

十九世紀中葉，古巴製糖業蓬勃發展，甘蔗種植園需要大量有農業種植技術而又廉價的勞動力，於是在一八四七～一八七四年間，招募了十四萬人前往。他們除了種植甘蔗，還參加修築鐵路和開採金礦，對於古巴的繁榮和開發，有著重大的貢獻。

(三) 古巴的華僑紀功碑

這碑建立在古巴的首都哈瓦那，以黑色大理石建成，碑上分別用中文和西班牙文刻寫：「旅古華僑協助古巴獨立紀功碑」，用以紀念在古巴長期獨立戰爭中犧牲的華人。

中南美洲簡圖

三、補充材料

(一) 哈瓦那華人區

哈瓦那的華人區由四條小街組成，入口處有一座中式牌樓，橫額上有「華人街」三字。當地還有一份

華文報紙光華報，每期發行五百份。

(二) 古巴的華人將軍

古巴的「古中友好協會」主席有個中文名字，叫邵正和，他是古巴革命武裝部隊的少將，也是古巴國家物資儲備局的局長。邵正和的父母親都是廣東人，他們在一八九二年移民古巴。邵正和在上中學時就參加了當時的革命活動，後來跟隨卡斯特羅（Fidel Castro）打游擊。一九五九年卡斯特羅取得政權後，他擔任國家物資儲備局長，並被授予少將軍銜。一九九二年擔任中古友好協會主席，曾多次回廣東探親尋根。

四、問題與討論

十九世紀的美國加州華人，在鋪設太平洋鐵路西段和南太平洋鐵路上有鉅大的貢獻（見第七課課文及補充材料），也加速了美國西部的開發。古巴華人則協助古巴的獨立戰爭，請輔導學生比較當時兩地華人對所在國的貢獻在性質上有何不同，並討論各自的影響。

五、解答參考

(一) 語文活動解答參考

1. 新詞和造句

(1)獨立：十九世紀中南美洲各國反對西班牙統治，紛紛發動戰爭，要求獨立。

(2)統治：西班牙從十六世紀開始統治中南美洲。

(3)喪失：在無情的戰亂中，常會喪失生命財產。

(4)發動：爸爸發動車子引擎，催促我們趕快出發。

(5)互助：互助合作是團結力量大的表現。

2. 問題與討論

(1)請老師以地圖引導學生作答。

(2)如巴拿馬、阿根廷、哥斯大黎加、巴西、祕魯等。

(二) A本習作解答參考

1. 選一選：把對的字圈出來

(1)互　(2)班　(3)碑　(4)紀

2. 改錯

(1)立　(2)喪　(3)相

3. 填一填：填入適當的字

(1)損 (2)碑

4. 重組句子

E→A→D→C→B

㈢

B本習作解答參考

1. 選一選：把對的字圈出來

(1)治 (2)喪 (3)紀

2. 選一選：把對的號碼選出來

(1)① (2)③

3. 填一填：在下列括弧中填入適當的字

(1)獨 (2)亂 (3)互 (4)統 (5)抗 (6)產

單元活動三　華僑

在這個單元的三課課文裡，把「華僑」或「華人」做爲一個群體，分別敘述他們在不同時期對所在國作出的貢獻，以及對祖國的關懷和支援。所附「綜合複習表」是使學生做一次綜合性的回顧，並對重點作一次複習。這表每個學生（或兩人一組）填寫一份。「影響」部分需要老師作適度的輔導。

姓名：＿＿＿＿＿＿＿＿

日期：＿＿＿＿＿＿＿＿

綜合複習表

	華僑所在地	貢　獻	時代及背景	影　響
第七課				
第八課				
第九課				

第十課 清明節的意義

一、課文

華人有四個重要的傳統節日，一是農曆新年，二是清明節，三是端午節，四是中秋節。新年是一年的開始，依照農曆，也是春天的開始，所以也叫春節，全國放假五天，是最常的假期。清明節在國曆的四月五日，是華人祭祖的日子。祭祖是表示對祖先的思念。這一天，每家到自己祖先的墓地去，將墓地打掃清潔，把鮮花和水果放在墳前，然後鞠躬或磕頭。因為祭祖前要先將墓地打掃清潔，所以到墓地去祭祖也叫「掃墓」，清明節也叫做「民族掃墓節」。

二、相關資料

(一) 為什麼稱作「清明節」

清明節在農曆的三月初，每年有一、二天的先後，並不固定，因為這是根據曆法推排的，換成國曆則在四月五日前後。在中國大陸的黃河和長江南北，農曆的一至三月是春季。一月是初春，初春雖已進入春季，但寒氣仍濃，要到二月才才漸漸暖和。到三月初，便冬意全消。清明節的設定，最初的意思是，在這天開始，天空清潔明淨，不再是灰灰濛濛的了。

(二) 清明與掃墓

天空清潔明淨，氣候回暖，適合人們做戶外活動了，那麼第一件事就是去看看祖先的墳墓，有沒有損壞之處要修補，並在打掃清潔後祭祀致意，日久就約定俗成爲每家掃墓祭祖的日子。

三、補充材料

(一) 魚清明和瓜清明

新疆的錫伯族人每年過兩次清明節，分別在農曆三月和七月。在三月的清明節，錫伯族人以魚爲主要祭品去墓地祭祖，因此被稱爲魚清明。到了七月，瓜果上市，他們帶上各種瓜果到墓地祭祖，被稱爲瓜清明。

(二) 清明歌會

湖南山區的苗族，在清明節除了掃墓祭祖外，青年男女還集中到某一地點對歌，或是相和，或是挑戰，從早到晚，歌聲不斷。

四、問題與討論

學生所居住的地區，如果有當地民俗傳統的祭祖，讓學生充分敘述，並且和清明節作比較。如果可能，並討論彼此的民俗特色。

五、習作解答

(一) 語文活動解答參考

1. 新詞和造句

(1) 傳統：提燈籠是中秋節的傳統活動。

(2) 節日：端午節是華人的傳統節日之一。

(3) 農曆：中秋節在農曆的八月十五日。

(4) 祭祖：清明節是華人祭祖的日子。

(5) 鞠躬：鞠躬和磕頭是華人表示禮貌的方式。

2. 問題與討論

(1) 請老師指導學生自由作答。

(二)

A本習作解答參考

1. 選一選：把對的字圈出來

(1)期　(2)祭　(3)躬

2. 選一選：把對的號碼選出來

(1)③　(2)③

3. 填一填：填入適當的字

(1)祭　(2)農

4. 造句

因爲明天一早要出門，所以今天晚上要早點休息。

因爲氣象預告今天天氣多變，所以出門時最好帶一把傘。

5. 想一想

(1)春節　(2)清明節　(3)四、五　(4)春節、端午節　(5)鮮花、水果

(三)

B本習作解答參考

1. 選一選：把對的字圈出來

(1)節　(2)墓　(3)曆

2. 選一選：把對的號碼選出來

(1)②　(2)①

3. 填一填：填入適當的字

(1)磕　(2)掃　(3)鞠　(4)族

4. 想一想

(1)春節、清明節、端午節、中秋節

5. 重組句子

B→D→E→A→C

第十一課 端午節和賽龍舟

一、課文

農曆的五月五日是端午節，起源是爲了紀念中華民族一位偉大的大詩人屈原。

端午節的特別食物是粽子，傳統活動是賽龍舟。

粽子的做法是：用竹葉把糯米包起來以後煮熟或蒸熟。

龍舟是樣子像一條龍的船，船頭上放了一座鼓。比賽的時候，有一個人在船頭打鼓，船上其他的人都聽他的鼓聲向前划。這是在端午節才舉行的划船比賽。

二、相關資料

㈠「端午」一詞的意思

「端」是「起初」、「開始」的意思，「午」指五月（古時候用夏曆，以地支的寅爲正月——子丑寅卯辰巳午未申酉戌亥），所以「端午」的意思就是「五月開始了」。依照農曆，四、五、六三個月是夏季，但眞正的酷熱是在五月，所以端午節的本意是提醒大家，眞正的熱天來了，要注意衛生，防止疾病流行。後來和紀念屈原的活動結合，增加了文化內涵。

(二) 屈原（約公元前三四〇～約前二七八）

我國最早的詩人，是戰國時期楚國的王族，學問很好，有遠大的政治理想，曾在朝廷擔任要職，後來遭受讒言，被楚王貶放到偏遠地區。那時候秦國越來越強大，不斷入侵楚國，屈原不忍看到國家將亡，自己又出不上力，就在五月五日那天投江自殺。他寫了許多詩篇，陳述自己的政治主張和對國事的憂慮，表達對理想的追求和對人民的關懷，想像力豐富，形式優美。這些詩篇現在仍在流傳，是我國古典文學裡的重要作品。

(三) 粽子和龍舟的傳說

傳說屈原投江以後，民眾划船尋撈，並將米飯用竹葉包起來投入江中給魚吃，讓牠們不去傷害屈原的遺體；船裝飾成龍的形狀，是爲了嚇走水中精怪便於撈尋屈原。這些便形成了後來端午節以吃粽子和划龍舟來紀念屈原的習俗。

三、補充材料

(一) 中國大陸少數民族的端午

1. 新疆的錫伯族

錫伯族也把端午節稱作「潑水的日子」。在端午節前半個月，婦女用各種布條做成猴子，縫在兒童衣服的肩上或背上。到了端午節這一天，男女老幼相互潑水，並且將布條做成的猴子丟進河裡流

走，據說這樣可以避邪去災。

2. 內蒙古的鄂溫克族

鄂溫克族在農曆五月五日這一天，清早起床，到野外用露水洗臉、用河水洗澡，因爲他們認爲水在五月五日這一天開始有了生命，這樣做可以預防疾病，健康長壽。

3. 廣西的毛南族

毛南族在端午節這一天會上山去採藥草，拿回家來用水煎煮，然後以水替小孩洗身，預防疾病，因爲相傳這一天採的藥草藥效特別好。各家還在門口插上楓葉，驅邪除災。

四、問題與討論

端午節的龍舟比賽是一項民俗活動，參加比賽的划船者是村民或社區居民自由組成的，端午節前的練習也是在大家工作餘暇的時候，強調的是大家一起來玩。西方的體育競賽裡有划船一項，請輔導學生說明兩者的異同並討論各自的意義。

五、解答參考

㈠ 語文活動解答參考

1. 新詞和造句

⑴起源：端午節的起源是爲了紀念詩人屈原。

⑵特別：姐姐總是喜歡打扮的很特別。

⑶粽子：粽子是端午節的應景食物。

⑷蒸熟：粽子是用竹葉把糯米包起來煮熟或蒸熟的食物。

2. 問題與討論

⑴吃過。米飯有竹葉的香味，特別好吃。

⑵古代人爲了讓米飯的清香吸引魚群，魚群才不會去損害屈原的遺體。

㈡ A本習作解答參考

1. 改錯

⑴午　⑵源　⑶賽

2. 想一想

⑴五、五　⑵屈原　⑶粽子　⑷划龍舟

3. 選一選：把對的號碼選出來

(1)② (2)① (3)②

4. 連連看

屈原	詩人
農曆五月五日	端午節
划龍舟	端午節的活動
粽子	糯米做的

(三) B本習作解答參考

1. 填一填：把下面的詞填進句子裡

端午節、粽子、賽龍舟

2. 想一想

(1)端午節 (2)糯米 (3)龍舟 (4)賽龍舟

3. 選一選：把對的號碼選出來

(1)② (2)③ (3)①

4. 改錯

(1)蒸 (2)划

第十二課 中秋節

一、課文

農曆八月十五日是中秋節。農曆的一至三月是春季，四至六月是夏季，七至九月是秋季，十至十二月是冬季。八月十五是中分秋季的一日，所以把這一天叫做「中秋」。秋天是一個收穫的季節。在農村裡，中秋節也是全家共享豐收的節日。「月餅」是在中秋節吃的一種餅，它是圓形的，象徵八月十五日的圓月。在中秋節吃月餅，和在端午節吃粽子一樣，都是華人的習俗。

二、相關資料

㈠ 中秋節簡史

八月十五賞月的活動，始於第三世紀（魏晉），但直到第十世紀末（北宋太宗年間）才正式定名為中秋節，逐漸為民間重視。至於在這一天吃月餅的習俗，則到第十五世紀（明朝）才有。

㈡ 中秋節的象徵意義

華人對中秋節十分重視，這一天是全國性的放假日。吃月餅是一家團圓的象徵，在外地工作的家人，

在這一天會儘可能回家和全家人一起吃團圓飯，一起賞月。現在出門在外地工作的人多了，每到中秋節前夕，從外地搭乘交通工具趕回家去的人比平時多好幾倍，往往造成交通的大擁擠。

三、補充材料

㈠ 中國大陸少數民族的中秋節

1. 福建的畲族

畲（音余）族認爲八月十五是走訪親友的好日子，陪客人唱歌則是畲族的習俗，所以到了中秋，畲族的村子充滿歌聲。此外，山村裡的居民還要結伴到縣城去對歌，他們白天拜訪親友，晚上開始對歌。對歌的時候，男女各站一邊，但婦女的一邊並不是每人都會唱，她們有些人只是去替女歌手加強聲勢的。

2. 廣西的毛南族

毛南族在中秋節有一種名爲「射月亮」的活動。到了那天晚上，明月當空，人們把正方形的飯桌抬出來，將一根三公尺長的竹竿削尖豎起，上面插一個柚子，柚子上插三支香，然後把柚子和香正對明月，稱做「射月亮」。射月亮後，男女青年就外出燒香問神，歡聲歌唱，直到天亮。

四、問題與討論

中秋節和農曆除夕是華人兩個全家團聚的日子，學生所居住的地區，若有當地傳統的全家團聚的節日，請輔導學生說明那個節日的活動，並比較它和中秋節的異同。

五、參考解答

(一) 語文活動解答參考

1. 新詞和造句

(1)春季：春季春暖花開，大地欣欣向榮。
(2)夏季：我最喜歡夏季，可以到海邊游泳、撿貝殼，眞有趣。
(3)秋季：楓葉在秋季會變紅，眞是美麗。
(4)冬季：在北方，一到冬季，白雪覆蓋大地，一片白茫茫的景象。
(5)農村：在農村裡，中秋節是全家共享豐收的節日。
(6)月餅：月餅是中秋節的應景食物。
(7)象徵：中秋節的圓月象徵著家人團圓。
(8)習俗：中秋節吃月餅和端午吃粽子都是華人的習俗。

2. 問題與討論

(1)請老師指導學生自由作答。

(2)中秋節是農曆八月十五日，是指中分秋季的一日。

(二)

A本習作解答參考

1.選一選：把對的字圈出來

(1)季　(2)象

2.選一選：把對的號碼選出來

(1)③　(2)①　(3)③

3.想一想

(1)夏季　(2)月餅　(3)秋季

4.填一填：把下面的節日填進空格中

春節、清明節、端午節、中秋節

(三)

B本習作解答參考

1.選一選：把對的字圈出來

(1)穫　(2)習　(3)享

2.選一選：把對的號碼選出來

(1)③　(2)②

3. 想一想

(1)春季　(2)中秋節　(3)圓形

4. 連連看

端午節	農曆五月五日
農曆八月十五日	中秋節
春節	農曆一月一日
國曆四月五日	清明節

單元活動四 傳統節日

農曆新年（春節）、清明、端午、中秋是華人的四個重要傳統節日，本單元依次介紹了其中的後三個。單元活動的目的在複習各個節日的重點掌握和趣味。下列表格可由學生逐項口頭作答，或每人一張表格，各自填寫。

姓名：________________

班級：________________

傳統節日

節日	曾經參加的活動	看到過的活動（包括在影片中見過）	聯想到的活動
農曆新年（春節）			
清明節			
端午節			
中秋節			

Memo

Memo

Memo

Memo

Memo

Memo

國家圖書館出版品預行編目資料

全新版華語：教學指引／金榮華等著. --臺
初版. -- 臺北縣新店市：流傳文化, 民91-
冊：　　公分
ISBN 986-7397-14-2

1. 中國語言 — 讀本

802.85　　　　91016884

【全新版】華語教學指引第十一冊

總 主 編：金榮華
編撰委員：金榮華、李元哲、邱燮友
皮述民、李宗慬、陳德昭
總 編 輯：張瀞文
責任編輯：胡琬瑜
封面設計：陳美霞
發 行 人：曾高燦
出版發行：流傳文化事業股份有限公司
地　　址：臺北縣（231）新店市復興路43號4樓
電　　話：(02)8667-6565
傳　　眞：(02)2218-5172
郵撥帳號：19423296
http://www.ccbc.com.tw
E-mail: service@ccbc.com.tw
香港分公司◎集成圖書有限公司一香港皇后大道中283號聯威商業中心8字樓C室
TEL：(852)23886172-3・FAX：(852)23886174
美國辦事處◎中華書局一135-29 Roosevelt Ave. Flushing, NY 11354 U.S.A.
TEL：(718)3533580・FAX：(718)3533489
日本總經銷◎光儒堂一東京都千代田區神田神保町　丁目五六番地
TEL：(03)32914344・FAX：(03)32914345

出版日期：西元2005年3月臺初版(50051)
西元2006年3月臺初版三刷
印　　刷：世新大學出版中心

分類號碼：802.85.042
ISBN 986-7397-14-2

定價：110元